Como Llevar Su Puntaje De Crédito De 0 a 800:

Trucos Y Consejos Para Incrementar Su Crédito Más Alto De Lo Que Jamás Imaginó

Por

Joe Correa

DERECHOS DE AUTOR

RECONOCIMIENTOS

Este libro está dedicado a las personas que quieren hacer un mejor futuro financiero para ellos mismos y sus familias. Es mi deseo que encuentre la información en este libro y la use para crear el mejor crédito posible.

Como Llevar Su Puntaje De Crédito De 0 a 800:

Trucos Y Consejos Para Incrementar Su Crédito Más Alto De Lo Que Jamás Imaginó

Por

Joe Correa

TABLA DE CONTENIDOS

Capítulo 10: ¿Cómo Aplicar Para Una Hipoteca y Ser Aprobado?

Capítulo 11: Cómo Calificar Para Crédito Cuando no Tiene Crédito

Capítulo 12: Ejemplos de La Vida Real De Alguien Que Incrementó Su Puntaje de Crédito a Más de 800 Empezando desde 0

Mitos del Puntaje de Crédito

Vocabulario de Crédito

INTRODUCCIÓN

Como Llevar Su Puntaje De Crédito De 0 a 800: Trucos Y Consejos Para Incrementar Su Crédito Más Alto De Lo Que Jamás Imaginó

Por Joe Correa

Si quiere incrementar su puntaje de crédito al máximo, ¡usted ha encontrado el libro correcto!

¿Por qué algunas personas tienen puntajes de crédito bajos mientras otros tienen puntajes altos? ¿Por qué a algunas personas les rechazan crédito constantemente mientras a otras les aprueban? Estas son preguntas comunes que pueden ser respondidas con una palabra, "conocimiento".

Aprenderá a:

- Obtener aprobación para tarjetas de crédito.
- Obtener aprobación para préstamos automotores.
- Tener una mejor posibilidad de obtener un empleo.
- Prevenir tener que poner depósitos en cuentas nuevas y tener menores pagos iniciales.
- Financiar su casa con las mejores tasas de interés.
- Aplicar para cualquier préstamo con confianza.

Si usted sabe qué hacer para incrementar su puntaje, prevendrá cometer los errores que la mayoría de las personas cometen en su crédito. Tener un puntaje de crédito alto puede beneficiarlo en muchas formas. Puede cambiar su vida completamente.

¿Cómo puede incrementar su puntaje de crédito y ser capaz de financiar lo que quiere a las mejores tasas? Los consejos y trucos en este libro le ayudarán a usar herramientas que están disponibles para usted, pero que la mayoría de las personas no conoce.

Si quiere tener una vida financiera exitosa, usted necesita aprender cómo usar el crédito en su beneficio, y esto solo es posible a través de un puntaje alto de crédito. No espere a ser rechazado en aplicaciones para tomar su crédito en serio, empiece ahora leyendo y aprendiendo lo que es necesario para llevar su crédito de 0 a 800.

ACERCA DEL AUTOR

Por muchos años, he ayudado a personas a financiar sus casas o reducir sus pagos. He trabajado para muchos bancos, prestamistas y una firma de inversión. Empecé como un profesor de matemática en la universidad comunal de Miami-Dade enseñando todos los temas que se me pedían a los 23 años, lo que era un poco incómodo para muchos de mis estudiantes ya que la mayoría era de mi edad o mayor, pero mi habilidad para enseñar a otros y dominar las matemáticas me ayudó a hacer fáciles aquellos temas difíciles de entender. Es por ello que mis clases se volvieron más y más grandes. Se me acercó el Banco Unión Plantes, que es ahora el Banco Regiones, para trabajar con ellos como representante de ventas financieras en una de sus sucursales. Esta fue una etapa de aprendizaje importante para mí, que me ayudó a aprender sobre la importancia de ayudar a otros. Diariamente, completaba líneas de crédito de hogares y préstamos de equidad, y muchas otras tareas. Disfruté especialmente el cerrar préstamos hipotecarios, asique obtuve mi licencia de hipotecas y fui a trabajar a una compañía especializada. Un año después, empecé mi propio negocio de hipotecas y pasé prontamente hacia prestamista. Fui capaz de ayudar a cientos de personas a comprar una casa, refinanciar a pagos más bajos, y mejorar sus vidas financieras. Cuando la economía se ralentizó y los bancos dejaron de prestar dinero, decidí enfocarme en ayudar a otros al educarlos. Espero que este libro llegue a tanta gente como sea posible y ayude a formar un nuevo futuro para muchos que puedan sentirse perdidos por su cuenta sin una solución.

Capítulo 1

Entendiendo Su Puntaje de Crédito

DETERMINACIÓN DE PUNTAJE DE CRÉDITO

Su puntaje de crédito está determinado por cinco categorías principales, que son:

1. Historial de pagos
2. Uso de crédito
3. Duración de historial de crédito
4. Nuevo crédito y consultas
5. Mezcla de créditos

1. **Historial de pagos** cuenta por aproximadamente 35% de su puntaje de crédito, lo cual es un gran porcentaje. Puede ser determinado al ver qué tan seguido un prestatario ha hecho pagos en tiempo. El repago de la deuda en el pasado es la mejor forma de determinar pagos futuros. Si en general hace pagos tardíos, usted probablemente continuará haciéndolos. Si generalmente hace pagos en tiempo, probablemente continuará haciéndolo así. Cuando más grande el pago de deuda es, mayor importancia tiene. Si tiene un pago de tarjeta de $100 por mes y hace pagos a tiempo, pero usualmente se atrasa en los pagos de hipoteca de

$2,300, su puntaje se afectará más negativamente por los pagos tardíos. Hacer pagos a tiempo cada mes incrementará gradualmente su puntaje y le hará más sencillo obtener nuevo crédito en el futuro.

2. El **uso de crédito** corresponde al 30% de su puntaje, lo que es casi un tercio de su puntaje. Determinará cuánto de su crédito disponible está usando y si no tiene deuda disponible de la que retirar. El uso del crédito es un factor importante ya que muestra qué tan bien le van financieramente. Por ejemplo, si tiene un límite de crédito de $5,000 y debe $500, solo estaría usando 10% de su crédito disponible. Si tiene un límite de $10,000 y debe $8,000, estaría usando 80% de su crédito disponible. Idealmente, usted querrá utilizar entre 25-35% o menos, para tener la mejor posibilidad de un puntaje crediticio bueno. Esto mejorará su puntaje. No necesita acarrear deuda para ver que su crédito se incremente. Siempre puede pagar su tarjeta cada vez que deba dinero. Usualmente, los prestatarios que quieren ver un incremento en sus puntajes pagan sus deudas para bajar del 35% de lo que tienen disponible. Pagar la deuda completamente tendrá incluso un mejor beneficio en su puntaje total, ya que incrementará su crédito disponible.

3. La **duración del historial de crédito** corresponde al 15% de su puntaje total. Esto, básicamente, determina qué tan viejo es su crédito, basado en todas las cuentas que

siguen abiertas. Si quiere que su puntaje sea alto, usted necesitará hacer pagos por un período más grande de tiempo. Las personas que recientemente han abierto una tarjeta de crédito, no verán un incremento significativo en su puntaje. El crédito nuevo no le dará puntajes más altos. Usted necesitará hacer pagos por un tiempo para ver un incremento gradual. Asegúrese de mantener las cuentas que haya tenido abiertas por un periodo más largo de tiempo aún abiertas, ya que esto lo beneficiará a medida que pase el tiempo (¡no cierre sus cuentas más viejas!). Por ejemplo, si cierra una cuenta, usted perderá el historial que haya creado en ella, asique querrá asegurarse de no cerrar sus cuentas más viejas. Pagar una deuda no se considera cerrarla. Si tiene una tarjeta de crédito en la que ha estado realizando pagos en tiempo por un período de 3 años y luego se ha terminado de pagar, no necesita cerrarla. Puede mantener esta cuenta abierta y usar esa tarjeta cuando la necesite.

4. Los **créditos nuevos y consultas** corresponden al 10% de su puntaje total. Los prestatarios que aplican para tarjetas de crédito, generalmente verán una caída en su puntaje al inicio. Evite aplicar a muchas tarjetas de crédito para que su puntaje se mantenga alto y solo tenga momentos breves de decaída. Cada vez que aplica para un crédito, su reporte mostrará una consulta. Una consulta es cuando un banco obtiene su

historial de crédito para ver cómo ha hecho pagos en el pasado y otra información relevante, antes de tomar una decisión sobre su aplicación. Tener muchas consultas reduce su puntaje, pero nunca será la única razón por la que un banco no le prestará dinero.

5. La **mezcla de crédito** corresponde al 10% de su puntaje, y puede afectar su capacidad de incrementar su puntaje total. Tener una mezcla de cuentas de crédito significa que tiene diferentes créditos como: préstamos automotores, tarjetas de crédito, hipotecas, tarjetas de crédito de tiendas, préstamos estudiantiles, etc. Tener una tarjeta de crédito y un préstamo automotor significa que tiene una mezcla de tipos de crédito diferentes. Esto no significa que necesite ir y obtener todos los créditos diferentes que pueda pensar para incrementar su puntaje. Debería solo aplicar para lo que necesita y lo que lo beneficiará. No necesita tener ningún tipo específico de cuenta crédito para incrementar su puntaje. Algunas personas pueden tener un puntaje de 750 sin siquiera tener más que tarjetas de crédito.

Estas 5 categorías: historial de pagos, uso de crédito, duración del historial de crédito, nuevo crédito y consultas, y mezcla de crédito, juegan todos un rol importante en la determinación de su puntaje de crédito. Cada uno pesa en su crédito en formas diferentes, asique asegúrese en enfocarse en los que afectarán su crédito más. El historial de pagos y el uso de crédito, corresponden juntos al 65% de su puntaje. Por esta razón, siempre es una buena idea hacer pagos en tiempo y no deber más que un monto determinado en ellos. Hacer estas dos cosas incrementará su puntaje rápidamente y lo mantendrá alto siempre que se continúe este patrón de pagar a tiempo y no deber más del 35% de lo que tiene disponible en todas sus cuentas de crédito. Esto incluye tarjetas de crédito, préstamos automotores, hipotecas, etc. Para la mayoría de las personas, controlar la deuda de su tarjeta de crédito por debajo del 35% de lo que tiene disponible, jugará un rol importante en su puntaje de crédito.

Por ejemplo, si tiene deudas en su reporte de crédito y quiere descubrir si está por debajo del 35% de su crédito, simplemente puede sumar toda la deuda que tiene y dividirla por el monto total de crédito que tiene en todas sus cuentas. Esto puede ser simple de calcular y es una información útil cuando no sabe en qué punto está respecto a su crédito.

Deudas Totales

Tarjeta de Crédito 1: $1,200

Tarjeta de Crédito 2: $4,200

Préstamo automotor: $13,000

Deuda Total: $18,400

Límites totales en cada cuenta:

Tarjeta de Crédito 1: $2,000

Tarjeta de Crédito 2: $10,000

Préstamo Automotor: $30,000

Total de Límite de Crédito: $42,000

Deudas Totales/ Total de Límite de Crédito
$18,400/$42,000 = 43.8%

43.8% es más alto de lo que necesitamos estar, que es 35%, asique necesitamos hacer algunos cambios para bajar de 35%.

Una solución podría ser pagar todas sus tarjetas de crédito. Esto nos daría una deuda total de $13,000, pero aún tendríamos el mismo límite total.

Si pagara todas sus tarjetas de crédito, su porcentaje de deuda en base a límite de crédito se vería así:

$13,000/$42,000 = 30.1%

Al pagar sus tarjetas de crédito, usted fue capaz de reducir la utilización de su crédito por debajo del 35%, lo que le permitirá mejorar su puntaje. También puede reducir lo que debe del préstamo automotor y crear el mismo efecto, pero sería una decisión más inteligente pagar las tarjetas de crédito, simplemente porque normalmente acarrean una tasa de interés más alta.

Capítulo 2

¿Cómo Saber si Tiene un Buen Puntaje de Crédito?

Esta puede ser una pregunta difícil de contestar si no sabe cuál es el fin último. Si está aplicando para una tarjeta de crédito, probablemente no necesite un puntaje muy alto, pero si aplica para un préstamo hipotecario, usted necesitará tener un puntaje tan alto como sea posible para reducir la tasa de interés que terminará teniendo, y por lo tanto reducirá la cantidad de interés que pague durante la vida del préstamo. Veamos diferentes rangos de puntaje para ver cómo se considera cada uno.

RANGOS DE PUNTAJE DE CRÉDITO

Los puntajes de crédito caen en rangos diferentes. La mayoría de los bancos y prestamistas miran para ver en qué rango se encuentra, para determinar si le otorgan crédito o no, y a qué tasa de interés. En general, tener un puntaje bajo siempre es mejor que no tener ningún puntaje, y tener un puntaje alto es mejor que tener uno bajo. Al comparar diferentes rangos de puntaje, usted puede determinar si tiene crédito bueno o malo. Recuerde, aprenderá algunos trucos para mejorar su puntaje rápidamente más adelante en este libro, asique no se sienta desanimado cuando vea cada uno de los rangos.

Los puntajes de crédito varían de 300 a 850, con 300 siendo el mínimo y 850 el máximo.

Los rangos son:

850 – 800 es considerado excelente

799 – 740 es considerado muy bueno

739 – 670 es considerado bueno

669 – 580 es considerado razonable

579 – 300 es considerado pobre

La mayoría de las personas caen en alguna de estas categorías, pero algunos no tienen puntaje siquiera. No tener puntaje resultará en no obtener crédito. Más adelante aprenderá cómo obtener un puntaje fácilmente.

Las personas que tienen un puntaje crediticio entre 850 – 800 comúnmente serán aprobados para un crédito. También obtendrán las mejores tasas de los bancos más estrictos.

Las personas que tienen un puntaje entre 799 – 740 obtendrán tasas desde excelentes a buenas, y normalmente serán aprobados para préstamos sin muchas restricciones, ya que tienen una alta probabilidad de pagar los préstamos, hablando por historial y estadística.

Las personas que tienen un puntaje entre 739 – 670 tendrán una buena probabilidad de pagar un préstamo, asique usualmente se les otorgan créditos y recibirán una tasa de interés entre buena y regular.

Las personas con puntaje entre 669 – 580 normalmente tendrán una probabilidad de pago de deuda media a baja, y se les aprobarán los créditos caso por caso. Cuando se les aprueba, las tasas usualmente son altas.

Las personas que tienen un puntaje entre 579 – 300 usualmente no serán aprobados para créditos, a menos que realicen depósitos en garantía con anticipación. Incluso así, las tasas serán altas.

NOTA:

No estar en ninguno de estos rangos de puntaje será un problema ya que no será considerado para un crédito, ya que no hay forma de calcular la probabilidad de que pague un préstamo. Asegúrese de tener un puntaje antes de aplicar para un préstamo.

¿CUÁLES SON LAS TRES AGENCIAS PRINCIPALES QUE REPORTAN CRÉDITOS Y QUÉ HACEN?

Las 3 oficinas de crédito

Hay tres oficinas de crédito que reportan su puntaje, que son Experian®, Transunion®, and Equifax®. Cada una reporta lo que es conocido como puntaje FICO, que fue creado por la Asociación Justa Isaac. Esta asociación se especializa en "análisis predictivo", lo que significa que intentan predecir cómo hará pagos futuros. Toman información y la analizan para predecir qué podría suceder.

Esencialmente, tendrá 3 puntajes y cada proveedor de crédito escogerá de qué agencia obtener el puntaje. Usted no será capaz de elegir cuál escogen, pero puede tomar los pasos necesarios para mejorar su crédito al punto en que no importa qué oficina revean. Los puntajes de crédito de las 3 oficinas figuran como números así: 720 734 740. Experian podría reportar un puntaje de 720, mientras Equifax reporta 734, y Transunion 740.

La mayoría de los bancos solo ven un puntaje cuando aplica para una tarjeta de crédito o préstamo automotor, pero mirarán los tres cuando aplique para una hipoteca. Por esta razón, aplicar para una hipoteca en muchos bancos puede reducir su puntaje rápidamente, ya que revisarán las 3 oficinas, contra aplicar para una tarjeta de crédito en la que solo verán un puntaje.

Asegúrese de tener un puntaje para cada oficina, ya que en algunos casos usted encontrará que solo tiene uno o dos puntajes, simplemente porque un prestamista no reportó su historial de pago a todas las agencias de crédito. Se sorprenderá de saber qué tan seguido esto ocurre, y qué tan seguido las personas son rechazadas en créditos por este error técnico. Nunca asuma que los bancos reportarán la información correctamente, a pesar de que deberían hacerlo. Siempre revea su reporte de crédito y asegúrese que la información se refleje correctamente, para poder beneficiarse de ello en el futuro y prevenir el rechazo de un préstamo.

Capítulo 3

Cómo Leer e Interpretar Su Reporte de Crédito

¿DÓNDE PUEDE OBTENER UNA COPIA DE SU REPORTE DE CRÉDITO?

Para leer e interpretar su reporte de crédito, usted primero necesita una copia del mismo. Puede obtener una copia gratis de su reporte en http://www.annualcreditreport.com/. Usted podrá obtener un reporte gratuito cada doce meses, determinado por la ley federal. También podrá obtener una copia del reporte una vez que se le niega un crédito o si ha tenido alguna acción crediticia adversa tomada en su contra. El banco o compañía que niega el crédito debería proveerle con las instrucciones sobre cómo obtener una copia de su reporte gratuitamente. Si solo quiere ver una de las oficinas de crédito, el costo será menor. Si quiere ver la información crediticia para las 3 oficinas, el costo será mayor. Asegúrese de pedir un reporte completo con los tres puntajes, ya que la diferencia en costo podría ser mínima y la información muy útil. Recuerde, la información de las tres oficinas que quiere son Equifax, Experian y Transunion.

Tome su tiempo y revea su reporte de crédito en detalle para asegurarse que toda la información se refleje apropiadamente.

Cómo leer su reporte de crédito

INFORMACIÓN PERSONAL

La información personal es usualmente utilizada para identificarlo a usted cuando se revea su crédito para prevenir fraudes y robos de identidad.

Nombres asociados:

John Doe

John B. Doe

John Benjamin Doe

Estos son ejemplos de todos los nombres que ha utilizado al aplicar por un crédito o cualquier otra razón por la que alguien ha solicitado su reporte, incluyendo: aplicación a hipoteca, aplicación a renta, aplicación a tarjeta de crédito, financiación escolar, etc.

Direcciones asociadas:

Calle Feliz 123, Depto. 17

Orlando, FL 32811

Calle Red Robin 123

Ciudad de Kansas, MO 64030

Calle Blue Jay 567

Atlanta, GA 30601

Estas son todas las direcciones que podría haber ingresado en aplicaciones pasadas a créditos.

Otra información personal:

Variaciones de Número de Seguro Social

XXX-XX-1234

XXX-XX-1224

XXX-XX-1233

Estos son todos los números de seguridad social que usted podría haber ingresado en el pasado al aplicar para un crédito. Obviamente, solo uno debería ser el número correcto.

Año de nacimiento

1976

Este es el año de su nacimiento, que usted ha ingresado al aplicar para un crédito.

Números de Teléfono

123-234-3456

123-234-1111

Estos son todos los números de teléfono que ha ingresado en el pasado al aplicar para créditos.

Empleadores pasados o actuales

Empresa ABC

Empresa 123

Estos son todos los empleadores para los que ha trabajado y ha ingresado su información al aplicar para créditos, o empleadores pasados que han revisado su reporte al aplicar para el empleo.

Notas: Una alerta de fraude ha sido puesta en el reporte de crédito. Contacte al cliente antes de otorgar el crédito o cuando sea requerido.

Las notas usualmente son comentarios que usted o un prestamista ha requerido que aparezcan en su reporte. Los comentarios de fraude y robo de identidad son los más comunes y son importantes de tener en caso de que alguien haya robado su billetera o información personal.

REGISTROS PÚBLICOS

Bancarrota, Capítulo 7

Día de llenado: 05/22/2010

Número de identificación: 4154124

Corte: Distrito Sur de Georgia

Monto: $433,928

Juicio

Día de llenado: 01/01/2008

Número de identificación: CF123456

Corte: Magistrado del Condado ABC

Demandante: NML

Monto: $300

Estos son tipos de registros públicos negativos que podrían aparecer en su reporte, y normalmente proveerán detalles completos sobre su situación pasada o actual.

CUENTAS

Estas usualmente aparecen como cuentas abiertas o cerradas. Las cuentas abiertas son aquellas que tiene y están disponibles para ser utilizadas, incluyendo las tarjetas de crédito. Cuando las cuentas se cierran por cualquier razón, aparecerán en la lista de cuentas cerradas.

Cuentas Abiertas:

Nombre de Cuenta: Hipoteca ABC

Información de Contacto: Calle 4 Esquinas N°123 Tallahassee, FL 32301

N° de Cuenta: 1234XXXXXXX

Tipo de Cuenta: Bienes Raíces

Balance Actual: $392,450

Límite de Crédito: $450,000

Balance Alto: $450,000

Pago Mensual: $2,850

Fecha de Apertura: 11/08/2015

Estado de Cuenta: Abierta

Estado de Pago: Actual

Historial de Pago: Si se paga en tiempo, aparecerá un "OK" por todos los meses en que el pago se efectuó a tiempo. Debería ver un calendario para todos los meses en que la cuenta ha estado abierta, y una nota con la información de pago bajo la información general de cuenta. En la mayoría de los casos dirá "Ok", pero si paga tarde, luego de 30, 60 o 90 días, mostrará esto.

Cuentas Abiertas Revolventes:

Nombre de Cuenta: Banco XYZ

Información de Contacto: Calle Belmont 45 Los Ángeles, CA 90005

N° de Cuenta: 1233333XXXXXXXXX

Tipo de Cuenta: Tarjeta de Crédito

Balance Actual: $3,156

Límite de Crédito: $10,000

Balance Alto: $4,210

Pagos Mensuales: $185

Pago Mínimo: $35

Fecha de Apertura: 04/11/2007

Estado de Cuenta: Abierta

Estado de Pago: Actual

Historial de Pago: Si se paga en tiempo, aparecerá un "Ok" para todos los meses en que el pago se hizo en tiempo. Verá un calendario para todos los meses en que la cuenta ha estado abierta y un espacio con una nota corta de pago bajo la información general de cuenta. En muchos casos, mostrará "Ok", pero si paga tarde, luego de 30, 60 o 90 días, mostrará esto.

Cuentas Cerradas:

Nombre de Cuenta: Banco ABC

Información de Contacto: Calle Wine Country 4007 Seattle, WA 98146

N° de Cuenta: 777131XXXXXXXX

Tipo de Cuenta: Tarjeta de Crédito

Balance Actual: $0

Límite de Crédito: $3,500

Balance Alto: $0

Pago Mensual: $0

Pago Mínimo: $0

Fecha de Apertura: 04/11/2007

Estado de Cuenta: Cerrada, Pagada Satisfactoriamente

Estado de Pagos: Cerrado

Historial de Pagos: Si se pagó en tiempo, un "Ok" aparecerá para todos los meses en que el pago se efectuó en tiempo, durante el período en que la cuenta estuvo abierta. Verá un calendario con todos los meses en que estuvo abierta y un espacio con una nota de pago bajo la información general de cuenta. En muchos casos, mostrará "Ok", pero si paga tarde, luego de 30, 60 o 90 días, mostrará esto.

Cuentas Negativas/Recolecciones:

Nombre de Cuenta: Compañía Eléctrica ABC

Información de Contacto: Oficina P.O. 555233 Seattle, WA 98146

N° de Cuenta: 9144XXXXXXXX

Tipo de Cuenta: Agencia de recolección

Balance Actual: $90

Límite de Crédito: $250

Balance Alto: $0

Pago Mensual: $0

Pago Mínimo: $0

Fecha de Apertura: 04/11/2007

Estado de Cuenta: Muy pasado de la fecha de vencimiento, asignado a agencia recolectora.

Estado de Pago: Falló el pago

Historial de Pago: Si se paga a tiempo, un "Ok" aparecerá para todos los meses en que el pago se pagó en tiempo. Para las cuentas de pago tardío y recolecciones, verá espacios con diferentes colores para el grado de retraso. Verá un calendario para todos los meses en que la cuenta ha estado abierta y un espacio con una nota de pago, en este caso mostrará "Ok" para algunos meses, pero mostrará 30, 60, 90, 120, 150 y luego una "C" para cuando se volvió una recolección.

CONSULTAS DE CRÉDITO

Las consultas de crédito aparecerán en su reporte de crédito cuando haya aplicado para un crédito o cuando haya permitido que una compañía revea su reporte. Todas las veces que revea su propio reporte no lo afectarán negativamente (no bajará su puntaje), pero aun así se reflejará en su reporte.

Consultas de crédito hechas por otros:

Nombre de Cuenta: Banco ABC

Fecha de consulta: 06/07/2008

Información de Contacto: Oficina P.O. 999231 Seattle, WA 98146

Nombre de Cuenta: Préstamos XYZ

Fecha de Consulta: 03/22/20066

Información de Contacto: Oficina P.O. 333421 Tallahassee, FL 32301

Consultas de crédito hechas por usted:

Nombre de Cuenta: Crédito Equifax

Fecha de Consulta: 09/28/2011

INFORMACIÓN MÉDICA

Cualquier información médica tal como recolección o montos debidos a una institución médica pueden aparecer aquí, como una cuenta negativa en la sección de información del reporte.

Capítulo 4

Cómo Afecta Su Puntaje de Crédito a Su Vida

Su puntaje crediticio puede tener un efecto significativo en su vida financiera a lo largo del tiempo. Al tener crédito malo, bueno, regular o excelente, usted terminará teniendo pagos bajos o altos en compras que financie.

Buen crédito = tasas de interés bajas y pagos de interés más bajos

Mal crédito = tasas de interés altas y pagos de interés más altos

A lo largo del tiempo, hacer pagos de interés más bajos significará que tendrá más dinero restante para utilizar en otros propósitos, en vez de dárselo al banco.

Si la compra es grande, como una casa, este pago puede casi duplicarse cuando tiene un puntaje malo, lo que significa que terminará pagando mucho más interés a lo largo del tiempo que alguien con muy buen puntaje. Las deudas más pequeñas, como las de tarjetas de crédito, pueden afectarlo incluso más cuando tiene mal crédito, porque será aprobado con tasas de interés altas, lo que significa que tendrá pagos de interés más altos. Si tiene un crédito malo, podría no ser aprobado para programas de compras específicos que incluyen puntos, millas u ofertas de devolución de dinero. Estas tarjetas de crédito son llamadas "tarjetas de crédito seguras". Tener buen crédito es importante y puede ser obtenido fácilmente por la mayoría de las personas que son capaces de gestionar sus deudas de forma responsable, y gestionar sus créditos inteligentemente. Al ver cuán significativa es la diferencia entre tener puntaje muy bueno, bueno, promedio o malo, entenderá por qué se beneficiará mucho más al tener puntaje alto.

Usualmente, permanecer en un rango específico de puntaje significará tener una tasa de interés particular, asique querrá saber qué rangos son ideales y de qué rangos quiere mantenerse alejado. Por ejemplo, si tiene un puntaje de 650, estaría en el rango de 620 – 660, lo que sería por debajo del promedio. Cada banco determina en qué rango necesita estar para garantizarle un crédito.

Veamos diferentes ejemplos para que pueda comparar diferentes pagos basado en términos variados.

Si tiene un puntaje de 620 o menos, esto es lo que le costaría financiar la compra de su auto y casa

Para la compra de una casa, este sería un escenario de pago posible basado en un puntaje de 620 o menos, si se le otorga el préstamo:

Monto de préstamo: $200,000

Tasa de Interés: 5.8%

Término: 30 años

Monto de Pago: $1,174

Total de Interés pagado a lo largo de 30 años: $222,462

Una situación ideal con un muy buen puntaje de crédito sería:

Monto de préstamo: $200,000

Tasa de interés: 4%

Término: 30 años

Monto de Pago: $955

Total de Interés pagado a lo largo de 30 años: $143,739

Para la compra de un auto, este podría ser un escenario posible basado en un puntaje de 620 o menos, si se le otorga el préstamo:

Monto de préstamo: $18,000

Tasa de interés: 11%

Término: 5 años

Monto de Pago: $391

Una situación ideal con un muy buen puntaje de crédito sería:

Monto de préstamo: $18,000

Tasa de interés: 2%

Término: 5 años

Monto de Pago: $266

EL RESULTADO FINAL

A pesar que la diferencia en pagos de hipoteca es de tan solo $219 cada mes, el interés total pagado a lo largo de 30 años es $78,723 más, porque tenía un puntaje más bajo.

En la compra de su auto, usted estaría pagando $125 más cada mes por el préstamo, porque tiene un puntaje bajo. Si tuviese un puntaje muy bueno, tendría una tasa de interés más baja y tendría la opción de financiar a 6 años en vez de 5, lo que reduciría los pagos mensuales.

Si tiene un puntaje de crédito entre 620 y 6580, esto es lo que le costaría financiar un auto y una casa

Para la compra de una casa este sería un escenario de pagos posible, basado en un puntaje entre 620 y 680 si se le otorga un préstamo:

Monto de préstamo: $200,000

Tasa de Interés: 5.6%

Término: 30 años

Monto de Pago: $1,148

Total de Interés pagado a lo largo de 30 años: $213,337

Una situación ideal con un muy buen puntaje sería:

Monto de préstamo: $200,000

Tasa de interés: 4%

Término: 30 años

Monto de Pago: $955

Total de Interés pagado a lo largo de 30 años: $143,739

Para la compra de un auto, este sería un escenario de pagos posible, basado en un puntaje entre 620 y 680, si se le otorga un préstamo:

Monto de préstamo: $18,000

Tasa de interés: 8%

Término: 5 años

Monto de Pago: $365

Una situación ideal con un muy buen puntaje de crédito sería:

Monto de préstamo: $18,000

Tasa de interés: 2%

Término: 5 años

Monto de Pago: $266

EL RESULTADO FINAL

A pesar de que la diferencia en los pagos de hipoteca es solo de $193 más cada mes, el interés total pagado a lo largo de 30 años es $69,598 más, porque tenía un puntaje más bajo que el ideal.

En la compra de su auto, pagaría $99 más por mes en préstamo, por tener un puntaje bajo. Si tuviese un puntaje muy bueno, tendría una tasa de interés más baja y la opción de financiar a 6 años en vez de 5, lo que reduciría sus pagos mensuales.

Si tiene un puntaje de crédito entre 680 y 720, esto es lo que le costaría financiar un auto y una casa

Para la compra de la casa, este podría ser un escenario de pago, basado en un puntaje de crédito entre 680 y 720, si se le otorga un préstamo:

Monto de préstamo: $200,000

Tasa de Interés: 4.65%

Término: 30 años

Monto de Pago: $1,031

Total de Interés pagado a lo largo de 30 años: $171,259

Una situación ideal con un muy buen puntaje sería:

Monto de préstamo: $200,000

Tasa de interés: 4%

Término: 30 años

Monto de Pago: $955

Total de Interés pagado a lo largo de 30 años: $143,739

Para la compra de un auto, este sería un escenario de pago posible, basado en un puntaje entre 680 y 720, si se le otorga un préstamo:

Monto de préstamo: $18,000

Tasa de interés: 6%

Término: 5 años

Monto de Pago: $298

Una situación ideal con un muy buen puntaje de crédito sería:

Monto de préstamo: $18,000

Tasa de interés: 2%

Término: 5 años

Monto de Pago: $266

EL RESULTADO FINAL

A pesar de que la diferencia en pagos de hipoteca es solo $76 más cada mes, el interés total pagado a lo largo de los 30 años es $27,520 más, porque tenía un puntaje más bajo que el ideal.

En la compra de su auto, usted estaría pagando $32 más cada mes en un préstamo, por tener un puntaje más bajo. Si tuviese un muy buen puntaje, tendría una tasa de interés más baja y la posibilidad de financiar a 6 años en vez de 5, lo cual reduciría sus pagos mensuales.

Si tiene un puntaje entre 720 y 760, esto es lo que le costaría financiar un auto y una casa

Para la compra de una casa, este es un escenario posible de pago, basado en un puntaje entre 720 y 760, si se le otorga un préstamo:

Monto de préstamo: $200,000

Tasa de Interés: 4.25%

Término: 30 años

Monto de Pago: $984

Total de Interés pagado a lo largo de 30 años: $154,197

Una situación ideal con un muy buen puntaje sería:

Monto de préstamo: $200,000

Tasa de interés: 4%

Término: 30 años

Monto de Pago: $955

Total de Interés pagado a lo largo de 30 años: $143,739

Para la compra de un auto, este es un escenario de pago posible, basado en un puntaje entre 720 y 760, si se le otorga un préstamo:

Monto de préstamo: $18,000

Tasa de interés: 4%

Término: 5 años

Monto de Pago: $246

Una situación ideal con un muy buen puntaje de crédito sería:

Monto de préstamo: $18,000

Tasa de interés: 2%

Término: 5 años

Monto de Pago: $266

EL RESULTADO FINAL

A pesar de que la diferencia en los pagos de hipoteca es solo $29 más cada mes, el interés total pagado a lo largo de 30 años es $10,458 más.

En la compra de su auto, estará pagando $16 más cada mes, porque tiene un puntaje menor que el ideal. Si tuviese un puntaje muy alto, tendría una tasa de interés más baja y la posibilidad de financiar el préstamo hasta 7 años, lo que reduciría los pagos mensuales.

Asegúrese de utilizar un periodo de financiamiento razonable, ya que su auto continuará perdiendo valor a lo largo del tiempo. Cuanto más tiempo financie, más problemas le traerá en el futuro. El tiempo ideal para financiar un auto es no más de 60 meses.

Si tiene un puntaje encima de 760, esto es lo que le costaría financiar un auto y una casa:

Para la compra de una casa, este es un escenario de pago posible, basado en un puntaje de 760 o más:

Monto de préstamo: $200,000

Tasa de interés: 4%

Término: 30 años

Monto de Pago: $955

Total de Interés pagado a lo largo de 30 años: $143,739

Para la compra de un auto, este es un escenario de pago posible, basado en un puntaje de 760 o más:

Monto de préstamo: $18,000

Tasa de interés: 2%

Término: 5 años

Monto de Pago: $266

EL RESULTADO FINAL

Verá que, al tener el puntaje más alto posible, o cualquiera por encima de 760, obtendrá las tasas de interés más bajas y los préstamos más largos. Esto le dará pagos mensuales más reducidos, lo que le ahorrará más dinero cuando se trata de la obtención de un préstamo y el pago de interés a lo largo de un período específico de tiempo. Algunos programas requieren un puntaje de más de 800, lo que puede ser una situación muy buena si califica.

NOTA: Algunas hipotecas y préstamos automotores tienen programas que ofrecen tasas de interés más bajas, pero ajustables o con costos ocultos. Siempre asegúrese de leer la letra chica antes de firmar algún documento.

Capítulo 5

Trucos y Consejos Que Puede Hacer Para Incrementar Su Puntaje Instantáneamente

Hay muchas formas de mejorar su puntaje crediticio rápidamente. Cada una tiene su propio grupo de factores que le ayudarán a incrementar su puntaje en poco tiempo.

Algunas de las mejores formas de incrementar su puntaje son:

1. **Pida un incremento en línea de crédito** en sus tarjetas de crédito. Asuma que debe $2.800 en una tarjeta de $3,000 y no tiene el dinero para pagarla por completo o al menos para reducirla a 35% del límite. Siempre puede llamar a su banco y pedir por un incremento en el límite. Si le preguntan por cuánto querría aumentarlo, asegúrese de estimar tres veces lo que debe para mantenerse en el 30% de lo que tiene que devolver. Digamos que debe $3,000, entonces necesita solicitar un límite de $9,000, que sería un incremento de $6,000. De esta forma, si a usted le aprueban $8,000, usted deberá 35% o menos del límite de su tarjeta, lo cual inmediatamente mejorará su puntaje. Esto no le

costará nada, pero el banco deberá mirar usualmente su crédito para llevarlo a cabo. Recuerde, el propósito de incrementar la línea de crédito no es hundirse más en la deuda, sino mejorar el puntaje.

2. **Pagar una tarjeta de crédito** o reducir la deuda de tarjeta, préstamo automotor o hipoteca, para que su utilización de crédito esté por debajo del 35%. Esto usualmente es más simple de hacer con deudas menores que tienen balances bajos, pero aun así mejorará positivamente su puntaje. Reducir el uso de crédito, incluso si no es por debajo del 35%, mejorará su puntaje, pero cuanto más bajo mejor. Por ejemplo, si debe $1,500 en una tarjeta de crédito con $2,000 de límite, y la paga por completo, tendrá $2,000 disponible en crédito en vez de $500. Por esta razón, su puntaje debería subir.

3. **Pagar las facturas en tiempo** puede tener el efecto positivo más grande en su reporte. Asegúrese de pagar siempre con algunos días de anticipación, para prevenir cualquier retraso que pudiese afectar su crédito. Nunca escoja hacer pagos exactamente el día del vencimiento, ya que siempre hay cosas que pueden retrasar el pago, como vacaciones, entrega de correo lenta, proceso de pago, etc.

4. **Solicite que se remueva la información crediticia incorrecta,** incluyendo consultas (chequeos de

crédito), pagos tardíos, historial de apertura de cuentas incorrecto, cuentas que no son suyas, montos debidos incorrectos en cuentas diferentes. Algunas veces, las agencias reportadoras brindarán información errónea, que necesita ser corregida. Las personas que tienen nombres similares al suyo pueden tener alguna de sus deudas en su reporte. Otras veces, algún familiar con el mismo nombre puede tener su información en su reporte. Las consultas de crédito pueden aparecer por aplicaciones que no hizo o no aprobó. Un pago tardío puede aparecer en su reporte de crédito cuando lo hizo en tiempo. Estas situaciones son todas razones para disputar información incorrecta en su reporte de crédito.

5. **Obtenga una tarjeta de crédito segura** para crear una nueva cuenta. Cuando una tarjeta de crédito es segura, básicamente significa que usted pondrá el dinero en una cuenta bancaria y podrá utilizar esa misma cantidad en la forma de crédito en una tarjeta. Si no ha sido aprobado para una tarjeta de crédito en el pasado, esta es una gran forma de hacer crecer su crédito y puntaje.

6. **Deje de usar crédito para pagar cosas.** Esta es una gran forma de obtener un enfoque proactivo hacia sus finanzas en general. No deber más dinero incrementará inmediatamente su capacidad de

pagar por completo o reducir la deuda, lo cual incrementará su puntaje. No continúe acumulando deuda con el propósito de obtener o mejorar su puntaje. Las deudas pequeñas, gestionadas inteligentemente y pagadas a tiempo, le permitirán tener un puntaje más alto.

7. **Pida a familiares o amigos que lo agreguen como un firmante autorizado en su tarjeta de crédito.** Esto puede tener un efecto positivo en su crédito si su amigo o familiar hace los pagos a tiempo cada mes, y no tiene deudas. Lo que se vea reflejado en su reporte para esa cuenta, también se reflejará en su reporte, lo que al final incrementará su puntaje. Esta es una forma poderosa y efectiva de mejorar el crédito. Asegúrese de continuar haciendo pagos a tiempo. Si cree que van a pagar tarde, necesitan hacérselo saber para que usted pueda solicitar que se lo remueva de la cuenta. Esto le servirá para prevenir tener información negativa en su reporte.

8. **Aplique para una tarjeta de crédito con la intención de no usarla.** Para la mayoría de las personas, esto no tendrá sentido, pero es bastante simple. Para mejorar su puntaje, usted necesita tener más crédito disponible, sin incrementar la deuda. Por esta razón, puede aplicar para una tarjeta de crédito y ser aprobado con un límite de $5,000, lo que incrementará su crédito total disponible en $5,000.

Esto reducirá la proporción entre deuda y límite crediticio, lo cual es uno de los factores principales usado por las oficinas de crédito para calcular su puntaje. Asegúrese de que esta tarjeta de crédito no tenga ningún costo, especialmente costos anuales, o acumulará gastos innecesarios. Guarde esta tarjeta para no usarla. Es más simple olvidarse que tiene la tarjeta, que resistir la tentación de usarla.

Capítulo 6

Cómo Disputar Información Incorrecta En Su Reporte de Crédito

Las compañías de reparación de crédito normalmente usan un número de herramientas para mejorar su puntaje. Una de las herramientas más efectiva es disputando y actualizando la información incorrecta o inválida en su reporte. Hacer esto lo puede beneficiar de muchas formas. Además de mejorar su puntaje, le permitirá a los bancos y prestamistas ver su situación financiera apropiadamente al intentar decidir si le otorgan un crédito o no.

Las razones por las que debería disputar información en su reporte de crédito son:

- Montos de pagos incorrectos que se muestren en su reporte
- Cuentas que no son suyas y figuren en su reporte
- Consultas que usted no autorizó
- Direcciones incorrectas que figuren en su reporte.
- Información de empleos incorrecta.
- Límites de crédito que sean incorrectos para algunas cuentas.

- Un pago de auto que usted hace y no figure en el reporte.
- Información derogatoria (negativa) en el reporte que debería ser removida.
- Su nombre está escrito incorrectamente.

¿Cuándo debería ser removida la información derogatoria (negativa) de su reporte de crédito?

- Pagos tardíos que permanecen en su reporte por 7 años desde la fecha en que primeramente ocurrió.
- Las recolecciones permanecen en su reporte por 7 años desde la primera vez que ocurrió.
- Una bancarrota de capítulo 7 permanece en su reporte por 10 años luego de la aplicación.
- Una bancarrota de capítulo 13 permanece en su reporte por 7 años luego de la aplicación.
- Las consultas crediticias se remueven de su reporte 2 años después de aplicar para el crédito.
- Los gravámenes impositivos no pagados permanecen por 10 años en su reporte si no se pagan.

- Los gravámenes impositivos pagados permanecen por 7 años en su reporte una vez que son pagados.

- Los juicios civiles permanecen en su reporte por 7 años desde el inicio.

Estas son todas razones válidas para disputar información en su reporte crediticio, especialmente cuando ciertas cosas deberían haber sido removidas automáticamente. La información negativa debe ser removida en los tiempos establecidos por la ley. Por ejemplo, si tiene una consulta de crédito que aún figura de 4 años atrás (después de 2 años debería haber sido removida automáticamente), necesita ser removida y usted puede hacerlo al disputarlo.

Formas de disputar información del reporte crediticio

Saber cómo disputar la información incorrecta o agregar información correcta hará la mayor diferencia al intentar mejorar su crédito, o al menos tener información correcta reflejada en su reporte.

Disputar o corregir la información inválida en su reporte puede ser hecho en tres formas:

1. Notas enviadas por correo
2. A través de los sitios web de cada oficina de crédito
3. A través del teléfono, llamando a cada oficina de crédito

Ventajas y desventajas de cada uno

Ventajas de disputar información a través de correo:

- Cuando usted envía documentos a través del correo, tendrá prueba física de que fue enviado y alguien tiene que recibirla y leerla.
- Cuando se recibe a través del correo, usted puede obtener confirmación de recepción.
- Es más simple personalizar cartas.
  Desventajas de disputar información a través de correo

- El correo puede a veces perderse, a menos que pague extra para un servicio de confirmación de entrega.
- El correo puede mezclarse con otros papeles al ser recibido por un representante.
- El correo toma más tiempo en llegar y podría tomar más tiempo el obtener una respuesta, lo que significa que la actualización se retrasara. Usted no será capaz de acelerar el proceso en el caso de que usted esté apurado para corregir la información de su reporte.

Ventajas de disputar información de su reporte a través de los sitios web de las oficinas:
- Cuando disputa información en línea, ahorra tiempo y dinero
- Disputar información en línea siempre le permite tener opciones simples y claras para escoger al tomar decisiones sobre realizar o no los cambios requeridos.
- Al enviar su disputa en línea a través de los sitios web de cada oficina de crédito acelerará el proceso, lo que le permitirá obtener una respuesta más rápido que por correo.

Desventajas de disputar información a través de los sitios web:

- Algunos sitios web podrían no tener ciertas opciones que son pertinentes a su situación en particular.
- Disputar información en línea podría no ofrecer la opción de contar su historia, ya que ciertas situaciones pueden requerir una explicación larga de lo que sucede.
- Enviar las disputas en línea es menos personalizado que los otros métodos.

Ventajas de disputar información de su reporte a través del teléfono.
- Cuando disputa información por teléfono, usted podrá hablar con una persona
- Disputar información a través del teléfono le permite explicar su situación, sin importar qué tan larga sea.
- En algunos casos, los cambios se harán inmediatamente al requerirlo a través del teléfono, lo que le ahorrará mucho tiempo.

Desventajas de disputar información a través del teléfono:
- Al disputar información a través del teléfono, tendrá usualmente períodos de espera más largos para poder hablar con una persona, como así también el tiempo gastado en los servicios automatizados para dirigirlo al departamento correcto.

- Cuando habla con un representante de atención al cliente, usted podría ser requerido de presentar prueba de sus reclamos o solicitudes de información corregida a través de correo, lo que podría demorar el proceso.

- Cuando llama por teléfono, usted está limitado a hablar con representantes durante el horario laboral solamente.

Cada una de estas puede ser efectiva, pero la diferencia en tiempo puede ser mayor por correo. Si está apurado para mejorar su crédito, escoja primero la ruta del sitio web, y si no obtiene la respuesta que quiere, intente por teléfono o correo.

EJEMPLO DE CARTA HECHA A UNA AGENCIA REPORTADORA DE CRÉDITO

Fecha:

Nombre:

Dirección:

Nombre de Agencia de Crédito:

Dirección de Agencia de Crédito:

Atención: Departamento de Disputas

RE: Solicitud de Disputa

Al rever mi reporte de crédito, varios elementos aparecieron que no son precisos, y que desearía se corrijan.

1. La cuenta de tarjeta de crédito "XYZ" 1234XXXXXXXX muestra que debo $3,432, pero debería tener un balance de $0 ya que ha sido pagada por completa. Esta cuenta necesita mostrar un balance de $0.
2. Hay una cuenta que no es mía, pero figura en mi reporte de crédito. Esta cuenta necesita ser

removida: cuenta de tarjeta de crédito "XXX" número 1234XXXXXXXX.

Por favor hacer las correcciones necesarias en mi reporte tan pronto como sea posible. He adjuntado una declaración de la tarjeta "XYZ", mostrando que no tengo ningún saldo en ella.

Si tuviesen alguna pregunta, pueden contactarme al 1223-432-2234.

Sinceramente,

"Su nombre"

Antes de enviar la carta, llame a cada agencia y confirme que tiene la dirección correcta para su departamento de disputas. También pregunte si necesita incluir su número de seguridad social en la carta, ya que esto es a veces requerido.

Para disputar información en su reporte en línea, puede encontrar cada oficina de crédito yendo a:

Experian®

www.experian.com/disputes/main.html

Transunion®

https://www.transunion.com/credit-disputes/dispute-your-credit

Equifax®

https://www.equifax.com/personal/disputes

Para la información de correo y contacto telefónico

Encontrará información de contacto adicional, como números de teléfono y direcciones, al ir a las páginas web de cada agencia, en caso de que desee disputar la información a través del teléfono y correo. Los números y las direcciones a veces cambian, asique debe asegurarse de ir en línea para encontrar la información más actualizada de cada una de las agencias.

Capítulo 7

Deber Versus Pagar La Deuda Por Completo

Para muchas personas, esta es una pregunta usualmente hecha, cada vez que llegan las facturas. ¿Debería hacer el pago mínimo, pago total, o pagar por completo? Cuando entiende cómo funciona la deuda y cómo el interés compuesto puede hacer las cosas mucho peores, no tendrá duda de qué necesita hacer. El interés compuesto también es conocido como "interés sobre interés", lo que básicamente significa que una vez que empieza a hacer pagos mínimos, empezará a pagar interés sobre el interés que no pagó el mes anterior. El interés sobre interés crece rápidamente, al punto en que empieza a incrementar la deuda en vez de eliminarla. Por esta razón, manténgase alejado del pago de interés sobre interés al pagar su deuda cada mes y nunca realizar pagos mínimos. Su objetico no debería ser el acarrear deuda de un mes al siguiente, sino pagarla por completo cuando sea posible. Si usted acarrea deuda, tendrá que pagar interés, y eso sólo beneficia al banco.

¿Es mejor acarrear deuda o pagar lo que debe para mejorar su puntaje crediticio?

Una gran porción de la población general acarrea deuda mes a mes sin pagarla por completo, lo que puede tener un efecto positivo o negativo en su crédito. Para algunos, acarrear deuda y pagar a tiempo cada mes debería significar que su puntaje crediticio crecerá, por el historial de pagos positivos que están creando. Para otros, acarrear deuda podría significar que están incrementando la cantidad que deben, lo que reducirá la cantidad de crédito disponible para ser utilizado. Esto reducirá su puntaje cuando llegue a cierto porcentaje. La mayoría de las agencias crediticias sugieren que se mantenga por debajo de 35% de su límite.

Por ejemplo, si tiene un límite de crédito de $10,000, permanezca por debajo de $3,500. Esta no es una regla, pero lo ayuda a mantenerse por debajo del número.

¿Debería pagar mi deuda por completo de una vez o gradualmente?

Digamos que tiene un evento futuro en particular, como aplicar para una hipoteca, en donde necesita que su puntaje se incremente rápidamente y por un gran porcentaje. Esta sería la situación perfecta para pagar todas sus deudas por completo, ya que verá un incremento grande en su puntaje uno o dos meses siguientes. Sabiendo que necesitará este incremento, hace que sea la oportunidad perfecta para pagar estratégicamente en vez de pagarla lentamente.

Cuando no esté apurado, pagar su deuda gradualmente le permitirá incrementar su puntaje lentamente, cada vez que realice un pago mensual. Esta es otra buena estrategia, mientras pague su deuda, lo que beneficiará su puntaje cuando pague a tiempo y reduzca el porcentaje de deuda sobre el límite de crédito.

¿Por qué algunas personas solo pagan el mínimo en vez de hacer un pago mayor y reducir el monto de la deuda que tienen?

Cuando las compañías de tarjeta de crédito le ofrecen la opción de pagar el mínimo por vencer, están permitiéndole hundirse más en deuda en vez de ayudarlo a gestionarla. Hacen dinero cuando usted paga interés. Hacer pagos mínimos o de interés, solo le garantizará que se mantenga en la deuda y nunca salga.

Algunas personas nunca se dan cuenta la situación en la que están, y solo pueden costear hacer pagos mínimos. Esto es lo que llamo esclavitud financiera, porque la deuda se vuelve su amo y usted debe trabajar para pagar interés. Nunca se vuelva un esclavo de la deuda o del dinero.

Aprenda a gestionar su ingreso y deudas apropiadamente al no gastar lo que no pueda pagar inmediatamente. El crédito está destinado a ser utilizado para ser pagado en el corto plazo. Al hacer pagos de plazo largo en sus tarjetas de crédito, usted solo hará que las compañías se vuelvan más ricas, en vez de ayudarlo a gestionar sus gastos y compras. Nunca escoja la opción de pago mínimo o solo interés. Siempre pague la deuda, incluso si es una pequeña cantidad.

¿Qué hago si debo grandes cantidades de dinero?

Cuando usted debe mucho dinero en una deuda de tarjeta de crédito, necesita crear un plan para pagarla, y atenerse al mismo hasta finalizar. Algunas personas escogen consolidar la deuda, mientras otros contratan una compañía de consolidación de deuda. Ayudarse a estar en la mejor posición posible para pagar es muy importante. La preparación es clave, y puede ahorrarle tiempo al pagar la deuda.

Siga estos 5 pasos para preparar sus cuentas de crédito para pagarlas:

1. Llame a todas las compañías de tarjetas y pida que reduzcan la tasa de interés en esa tarjeta.
2. Transfiera toda la deuda desde la cuenta con mayor interés a la de menor interés.

3. Revea su ingreso actual y gastos. Escoja qué gastos pueden ser eliminados o reducidos, tales como comer afuera, entretenimiento, televisión por cable, etc.

4. Decida cuál es el monto máximo que puede pagar por su tarjeta de crédito, basado en lo que actualmente hace, y encuentre una forma de incrementar ese monto, trabajando más horas, pidiendo un aumento o buscando una nueva forma de ingreso.

5. Empiece a pagar las tarjetas de crédito que tengan los balances más bajos, ya que estas serán las más simples de saldar y le ayudarán a generar momento antes de moverse a las cuentas más largas.

Cuando intenta pagar grandes cantidades de deuda, usted querrá iniciar pagan las tarjetas con el menor balance primero, ya que esto le permitirá hacer tres cosas muy positivas. Primero, le ayudará a crear el hábito de pagar deudas mensualmente en vez de acarrear deuda o hacer pagos mínimos. Segundo, liberará dinero que ahora puede usar para empezar a pagar tarjetas con balances mayores. Tercero, esto mejorará su puntaje de crédito, lo que incrementará su confianza para seguir adelante. Usted empezará a creer que lo que está haciendo está funcionando, y le ayudará a mantenerse con el plan, incluso si está tentado de hacer otra cosa.

¿Debería cancelar o cerrar mis tarjetas de crédito una vez que las pago, o si no las uso?

Cerrar cuentas con un largo historial crediticio dañará a su puntaje, asique asegúrese de considerar algunas otras cosas antes de cerrar una cuente. Decida si tiene alguna otra cuenta que sea más vieja, que le ayude a mantener un historial mayor de crédito. También considere si esta cuenta tiene un pago anual o gastos adicionales innecesarios que no quiere seguir abonando. Si no puede resistir el endeudarse nuevamente y prefiere cerrarla, entonces debería hacerlo, ya que es peor empezar a deber dinero nuevamente que reducir su historial de crédito. Usted siempre puede crear más historial a lo largo del tiempo, pero deber dinero significará que volverá al hábito de hacer pagos mínimos o de interés solamente.

¿Cómo puedo deshacerme de los pagos anuales de mis tarjetas de crédito?

Contacte al banco de su tarjeta y pida que eliminen el gasto anual, o que bajen de nivel su tarjeta para que no haya este cargo. Esta opción usualmente está disponible, ya que las compañías no quieren perderlo como cliente y prefieren que mantenga la cuenta abierta.

Usted puede deshacerse de los gastos anuales de las tarjetas de crédito al:

- Cerrar la tarjeta (una vez que está paga)
- Pedir que se elimine el gasto para siempre
- Pedir que se reduzca el rango de la tarjeta hacia una sin gasto.
- Pedir que se elimine el gasto para ese año para poder cerrarla cuando sea más conveniente para usted.

¿Cuándo reportan los pagos las compañías de tarjetas de crédito a las agencias crediticias?

Las compañías de tarjetas de crédito reportan sus pagos cada mes, unos 30-45 días desde que finaliza el período. Ellos reportarán el monto de pago, el nuevo balance debido, el límite total y cualquier otra información que sea pertinente a su cuenta.

Capítulo 8

¿Cómo Aplicar a Una Tarjeta de Crédito y Ser Aprobado?

Cuando usted aplica para una tarjeta de crédito, la mayoría de las compañías verán su aplicación basados en un número de factores como: su ingreso, su historial crediticio, su historial de pagos, si ha aplicado recientemente a la misma tarjeta, si ha aplicado a otras tarjetas también (muchas consultas), si tiene deudas o cuentas con ese banco en particular, si tiene ahorros, si renta o es dueño de su hogar, etc.

Cada uno de estos factores es un componente importante que los bancos usan para tomar una decisión sobre otorgar o no el crédito. Esto es llamado el proceso de suscripción. La persona que subscribe su aplicación de crédito es llamada un asegurador. Usan una serie de reglas pre establecidas en las que basan su decisión. Si está entre las reglas, usted normalmente obtendrá el crédito. Si no, recibirá una carta en el correo explicando por qué se le negó el crédito y dónde puede obtener una copia del reporte crediticio para que pueda rever su información. Hay algunos casos en los que esté apenas por fuera de la reglamentación, y podría recibir una llamada del banco para que verifique información adicional. Hable con ellos y vea qué información necesitan. Algunas veces es tan simple como confirmar su dirección.

Hay tres formas de aplicar para una tarjeta de crédito:

1. Completando una aplicación física en el banco
2. Completando una aplicación por teléfono con el banco
3. Completando una aplicación en línea

Las tres son simples formas de aplicar para una tarjeta de crédito. En términos de velocidad, en línea es la ruta más rápida. Si tiene una cuenta en el banco, a veces podría ser beneficioso ir a la sucursal, ya que los representantes pueden llamar al asegurador en caso de que tengan alguna pregunta o no se apruebe inicialmente. Si prefiere hablar con alguien por teléfono, asegúrese de estar en un espacio privado, ya que le pedirán que provea información personas que otras personas no deberían escuchar.

CUANDO APLIQUE PARA UNA TARJETA DE CRÉDITO ASEGÚRESE DE SEGUIR ESTOS PASOS IMPORTANTES:

1. **Verifique su reporte crediticio antes de aplicar.** A veces su reporte puede tener información incorrecta, como el deletreo de su nombre o dirección. Otras veces, puede aparecer información negativa que no es suya. Estas cosas necesitan ser corregidas antes de aplicar para un crédito, ya que habrá razones por las que podría no ser aprobado, las cuales pueden ser prevenidas tomando acciones de antemano.

2. **Llene la aplicación por completo.** Las personas que completan parcialmente su aplicación usualmente son rechazadas o se les pide información adicional. A veces las compañías de tarjetas de crédito requerirán una copia de su identificación y prueba de dirección cuando esta porción de la aplicación está incompleta o incorrecta.

3. **Asegúrese de usar su nombre tal y como aparece en su licencia de conducir o identificación gubernamental.** Las personas que ponen sobrenombres o segundo nombre en vez de su

primer nombre, serán rechazadas en los créditos, ya que el reporte que se revea necesita ser igual a lo que usted llena en la aplicación.

4. **Ingrese el monto total de su ingreso bruto** sin deducir gastos, impuestos o pagos de retiro. Asegúrese de usar todas sus fuentes de ingreso, ya que este monto puede incluir cosas que podría olvidarse, como: segundo empleo, dinero pagado por tutorías, cuidado de niños, etc. Tener más ingreso en relación con sus gastos lo beneficiará al aplicar para un crédito.

5. **Haga una lista de todos sus ahorros de dinero.** Cuando le requieran ingresar sus cuentas de ahorro, también conocidas como bienes líquidos, asegúrese de poner todo el dinero que tenga en esas cuentas, ya que esto también puede ser una razón para que las compañías le aprueben el crédito.

6. **Al ingresar sus expensas (pagos de renta o hipoteca), asegúrese de ser preciso en lo que paga.** Si renta con otros dos compañeros, asegúrese de poner solo lo que usted paga. Si vive con un familiar y no paga renta, asegúrese de escribir "0", o viviendo con un familiar o sin renta, si alguna de estas opciones aparece.

7. **Ser pre-aprobado antes de aplicar** puede ser una gran forma de ver si se le otorgará el crédito. Muchas compañías ofrecen esta opción y están disponibles para ver su crédito sin afectar negativamente su puntaje. Cuando hacen esto, son capaces de determinar y está pre-aprobado, que es cuando debería avanzar a completar el resto de la aplicación. Esto puede ser hecho en minutos a través de su sitio web, ya que las compañías de tarjetas han hecho el proceso de aplicación en línea muy simple.

8. **La información de empleo debe ser correcta.** La mayoría de los bancos quieren asegurarse que ha estado en la misma línea de empleo por los últimos 2 años. Si no es el caso, y solo ha estado trabajando por los últimos 6 meses, aún podría ser aprobado. La mayoría de los bancos solo quieren asegurarse de que tenga un ingreso para realizar sus pagos.

9. **No de información que no sea requerida.** Limítese a completar lo que se le solicita y no cosas que usted cree que debería poner. Si la compañía solicita su dirección, no ponga su dirección de correo ya que esta podría ser la razón para rechazarle el crédito, o podría recibir un llamado del banco si sospechan de fraude de identidad. La información en su reporte de crédito necesita ser la misma que en su aplicación.

10. **No aplique para muchas tarjetas de crédito al mismo tiempo.** Para ser aprobado para una tarjeta de crédito, usted necesita aplicar a la menor cantidad de tarjetas posibles. De esta forma no parecerá que está buscando desesperadamente un crédito, la cual es una razón para ser rechazado en la aplicación. Si quiere mejorar su puntaje, usted necesita ser aprobado para el crédito que está aplicando, porque si no, solo tendrá consultas en su reporte y no tarjetas de crédito.

11. **Empiece con una tarjeta a la que sabe que sería aprobado,** especialmente si cree que su crédito es muy nuevo o no tiene crédito. Algunas compañías ofrecen tarjetas de crédito seguras, que son cuentas que requieren que usted ingrese un depósito de seguridad en el banco para ser aprobado. Hay también otras tarjetas que están adaptadas específicamente a su puntaje crediticio. Puede buscar tarjetas que sean para puntajes malos, promedio, buenos o excelentes. De esta forma, usted podrá incrementar las posibilidades de ser aprobado, y reducir la cantidad de consultas que tiene en el proceso, ya que no necesitará seguir aplicando para más tarjetas. Si tiene un crédito promedio y aplica para una tarjeta que requiere un puntaje excelente, probablemente será rechazado.

Si tiene crédito excelente y aplica para una tarjeta que requiere puntaje promedio o bueno, será aprobado. Esta es una forma inteligente de abordar la aplicación a tarjetas de crédito, para coincidir con los requisitos en vez de aplicar para lo que aparece en un correo o propaganda.

Aplicar para una tarjeta de crédito y ser aprobado es más un tema de preparación que simplemente poner información en una computadora, y esa es la diferencia entre ser aprobado o negado el crédito la primera vez. Prepárese al saber en qué estado está su crédito y cuál es su puntaje. De esta forma usted podrá aplicar para la tarjeta correcta. Asegúrese de rever la aplicación con cuidado y leer la letra chica, que usualmente habla de la tasa de interés y tasas anuales que tiene la tarjeta. Algunas tarjetas no valen la pena, simplemente por todos los costos que le serán cobrados. Estas son las cosas claves que necesita saber para prestar atención al aplicar para una tarjeta de crédito.

¡Felicitaciones!

Una vez que haya completado los pasos mencionados arriba, usted debería estar en el camino de ser aprobado para una tarjeta de crédito.

Capítulo 9

¿Cómo Aplicar Para Un Préstamo Automotor y Ser Aprobado?

Los préstamos automotores requieren varias cosas para ser aprobados. A pesar de que ser aprobado para una tarjeta de crédito es simple que, para un préstamo automotor, hay cosas que puede hacer para simplificarlo.

Los préstamos automotores son seguros para el auto que está comprando, asique el banco mirará su crédito, el prestamista y el auto también. Si está comprando un auto que vale menos del préstamo, podría no ser aprobado, asique deberá asegurarse de que el precio sea razonable y no esté pagando de más.

Si nunca ha comprado un auto antes, usted podría ser requerido de poner un pago inicial para ser aprobado para el préstamo. Cuanto más dinero ponga, más simple será ser aprobado.

Mientras que los procesos de aplicación y aprobación podrían ser largos, asegúrese de no apurar el proceso. Lea todo con cuidado para prevenir cometer errores que podrían causar el rechazo, o darle mucho más trabajo del necesario normalmente.

CUANDO APLIQUE PARA UN PRÉSTAMO AUTOMOTOR, USTED NECESITA ASEGURARSE DE SEGUIR ESTOS PASOS IMPORTANTES:

1. **Asegúrese de que su empleador sepa que podría recibir una llamada de su banco.** Los bancos llamarán para verificar que usted trabaja en la posición que indicó en la aplicación y por el período de tiempo que usted indicó. Asegúrese de poner esta información junto con su ingreso correctamente. También, verifique dos veces el número de teléfono que usted ingrese, para que el departamento apropiado conteste el teléfono (que normalmente sería recursos humanos). No arriesgue que el personal del mostrador ponga al banco en espera indefinidamente.

2. **Verifique su reporte crediticio para asegurarse de que su nombre y dirección sean correctos**, para que ingrese la misma información en la aplicación. Si la información en la aplicación no es la misma, se le pedirá que provea prueba adicional en la forma de factura de teléfono, factura de servicio, licencia de conducir o identificación similar que muestre su dirección.

3. **Verifique sus puntajes antes de ir al comerciante.** Usualmente, hacer pagos a tiempo debería significar tener un puntaje alto, pero no siempre es el caso. En algunos casos, usted podría tener un puntaje promedio a pesar de hacer pagos a tiempo por otras razones como: historial de pagos corto, muchas consultas de crédito, muy poco crédito disponible, etc. Tener puntajes por encima de 700 es bueno. Tener puntaje por debajo de 620 es malo y usualmente requerirá que usted haga un pago inicial para ser aprobado para un préstamo automotor.

4. **Su historial de vivienda necesita ser correcto** y necesita completar dos años, que es lo que la mayoría de los bancos necesitan verificar cuando revean una aplicación a crédito. Si vivió por 1 año en una residencia y 3 años en otra, usted necesita especificar la cantidad de tiempo para cada una, para prevenir que el banco le rechace el crédito. No importa si ha estado viviendo con su familia, rentando, o pagando una hipoteca, mientras que pueda proveer un historial de vivienda de 2 años. Esto no es un requerimiento, pero le permitirá ser aprobado con un pago inicial menor y menos restricciones. No tener un historial de vivienda de 2 años no hará que lo rechacen, pero es una buena cosa de tener cuando aplica.

5. **Los préstamos automotores pasados que han sido pagados en tiempo y forma o incluso terminados** son una cosa muy positiva que los bancos quieren ver en su reporte, ya que esto les ayudará a tomar una decisión. Mostrar un historial de pagos a tiempo en general será visto como un signo de estabilidad por los bancos. Normalmente significa que ha tenido un ingreso y un empleo. Ser capaz de gestionar el dinero apropiadamente y hacer pagos a tiempo van de la mano.

6. **La información crediticia negativa requerirá que muestre un historial reciente de pagos realizados a tiempo.** Si ha tenido un pago tardío 2 años atrás, pero ha hecho pagos a tiempo después de ello, será un signo de estabilidad reciente por su parte. Por otro lado, si ha tenido pagos tardíos uno o dos meses atrás, probablemente se le ofrecerá una tasa de interés alta, o le requerirán un pago inicial. Asegúrese de tener su historial crediticio en orden y hacer pagos consistentes por al menos 1 año antes de considerar aplicar para un préstamo automotor. De esta forma se permitirá estar en una posición de negocio mejor al intentar obtener un pago mensual más bajo.

7. **Una prueba de ahorros podría ser útil al aplicar para un préstamo automotor** a veces. Cuando los bancos ven su ingreso, podrían ver que es muy bajo y necesitarán encontrar una forma de calificarlo para el préstamo al utilizar sus reservas. Esto no significa que los bancos usarán sus ahorros como un pago inicial, simplemente significa que le podrían pedir que verifique si tiene suficientes ahorros en caso de que su ingreso no sea suficiente para hacer pagos futuros. Puede proveer al banco con su reporte bancario más reciente que muestre suficientes reservas de dinero.

8. **Aplique para un préstamo automotor con un banco en el que ya tenga cuenta.** Esto definitivamente incrementará las posibilidades de ser aprobado, ya que muchos bancos trabajan duro para venderle a sus clientes tantos productos como sea posible para mantener la lealtad. Esto se denomina venta cruzada. La mayoría de los bancos se sienten más seguros prestando a un cliente actual que a uno nuevo cuando se comparan las dos condiciones financieras. Siempre pida al comerciante que le dé la documentación necesaria para darle al banco, para que lo califiquen a usted y al auto. Ellos podrían necesitar que confirme no estar financiando un auto

que vale mucho menos de lo que está pagando. Se sorprenderá al ver que su banco estará muy motivado para ayudarlo, y usualmente le ofrecerán tasas y condiciones competitivas.

9. **Siempre busque tasas con otras compañías de crédito y bancos comunitarios**, ya que siempre están buscando otorgar crédito a clientes valiosos. Estos tipos de instituciones usualmente tienen descuentos en tasas especiales y ofertas en préstamos que lo beneficiarán. Algunos incluso ofrecen permitirle empezar a pagar 60 a 90 días después de ser aprobado, lo que podría ser muy conveniente.

¡Felicitaciones!

Una vez que haya completado los pasos mencionados arriba, usted debería estar en el camino hacia ser aprobado para un préstamo automotor.

Capítulo 10

¿Cómo Aplicar Para Una Hipoteca y Ser Aprobado?

Cuando se aplica para una hipoteca, necesita preparar sus finanzas y su crédito de antemano. Tener un buen historial crediticio incrementará sus posibilidades de ser aprobado. Una aplicación a préstamo llenada correctamente es esencial para que el representante del banco que toma la decisión final (asegurador), pueda aprobarlo. La mayoría de las aplicaciones a hipotecas son largas, pero proveen al banco con una visión completa de su situación financiera actual y su valor crediticio total. La mayoría de los bancos quieren darle una hipoteca, pero deben seguir un grupo de reglas específicas, llamadas directrices. Estas reglas necesitan ser seguidas cuando se aprueba un préstamo.

En general, hay seis cosas que deben suceder para que usted sea dueño de una casa:

- Ser pre calificado por un banco
- Encontrar la casa que quiere comprar
- Aplicar para el financiamiento (a menos que pague en efectivo)
- Ser aprobado por el banco

- Cerrar el trato del préstamo al firmar todos los papeles de hipoteca y legales, como así también brindar el pago inicial requerido al banco
- Mudarse a su casa.

Las personas principales envueltas en el proceso de compra de una casa

Para que estas seis cosas ocurran, usted necesitará diferentes personas para que hagan su trabajo. Estas son las personas que normalmente están envueltas en el proceso de compra de una casa:

- Oficial de préstamo (el representante bancario o de la compañía de hipotecas que toma su aplicación)
- Procesador (el representante bancario que procesará su préstamo)
- Asegurador (el representante bancario que determina si está aprobado o rechazado)
- Corredor (la persona que lo ayuda a encontrar su casa, preparar el contrato y negocia con el vendedor por usted)
- Tasador (la persona que hace la tasación del valor de la casa que usted está comprando)
- Topógrafo (la persona que determina los límites de la propiedad y otros espacios alrededor).

- Agente de título (un representante de la compañía de título que verifica quién es dueño de la propiedad y completa otros trámites relacionados con el título)
- Agente de Cierre (la persona que explica y hace que firme toda la documentación legal al cerrar el trato de la compra de su casa. Este puede ser el agente de título también).

Obtenga pre calificación o pre aprobación

Ser pre aprobado antes de buscar una casa es la mejor forma de empezar, para saber exactamente qué precios debería estar buscando. No querrá encontrar la casa perfecta y luego darse cuenta de que no califica para ese precio. Usted puede ser pre aprobado por un oficial de préstamos del banco o un representante de hipoteca, contactándolos y completando una aplicación a préstamo. Ellos verificarán su crédito y reverán su información financiera.

Encuentre un Corredor de Bienes Raíces

Si es su primera vez comprando una casa, sería mejor si encuentra a un corredor experimentado que le explique el proceso una vez que haya pre calificado. Esto le ahorrará tiempo y problemas potenciales. Los corredores tienen acceso a casas en venta en el área en la que está buscando comprar.

EN GENERAL, LA MAYORÍA DE LOS BANCOS REQUERIRÁN LA SIGUIENTE INFORMACIÓN PARA APROBAR SU PRÉSTAMO:

Un puntaje mínimo es necesario. Para algunos bancos podría ser tan bajo como 580, mientras para otros es un número que puede ser tan alto como 700. La mayoría de los bancos le darán una mejor tasa cuando tenga un puntaje crediticio más alto. Todos los bancos verificarán las tres agencias: Experian, Transunion y Equifax. De estos tres números, escogerán el puntaje medio para tomar una decisión. Por ejemplo, si usted tiene estos tres puntajes: 683 702 733

Su banco usaría el puntaje de 702 para decidir qué tasa darle y determinar otros factores de riesgo, lo que significa determinar qué tan riesgoso es usted como prestatario.

Asegúrese de verificar sus puntajes crediticios de cada una de las agencias para asegurarse de tener suficiente puntaje.

Un historial crediticio mínimo es importante para los bancos para ver si ha pagado en tiempo y por cuánto tiempo. Cuando no tiene historial de crédito, es difícil determinar si pagará en tiempo en el futuro, si se le aprueba la hipoteca.

Un ingreso suficiente es necesario para ser aprobado para un préstamo. Basado en el ingreso que provea, el banco calculará hasta qué monto de préstamo usted calificaría. Su ingreso bruto total es lo que se utiliza para calcular a lo que califica. Su ingreso bruto total es el ingreso antes de cualquier deducción. El ingreso neto es lo que usted actualmente deposita en su cuenta bancaria.

Ingreso Bruto: $5,000 (este número es utilizado para calificarlo para una hipoteca).

Ingreso Neto: $4,300 (esto es lo que usted recibe luego de las deducciones).

Las expensas totales son calculadas usando su reporte crediticio. Sus expensas se calculan sumando todos los pagos que hace y aparecen en su reporte crediticio.

Por ejemplo:

Pagos de tarjeta de crédito: $300

Pago de préstamo automotor: $330

Pago de tarjeta de tienda: $50

Expensas totales serían: $680

$300 + $330 + $50 = $680

Las expensas totales del hogar son calculadas al sumar todos los pagos que aparecen en su reporte crediticio y los pagos de hipoteca que tendrá una vez que sea dueño de la casa. Sus pagos totales de hipoteca incluirán: pago principal e interés, impuestos, seguro, vencimientos de asociación de dueños (si aplica), y seguro de hipoteca si se le requiere que lo obtenga. Si usted pone menos de 20% de pago inicial, el banco le pedirá que tenga un seguro de hipoteca.

Por ejemplo:

Expensas totales: $700

Pagos de hipoteca totales: $1,750

Expensas totales del hogar: $2,450

$700 + $1,750 = $2,450

Su proporción deuda sobre ingreso se calcula para determinar si está dentro de las reglamentaciones bancarias para ser aprobado. Estas varían dependiendo del programa de préstamo, pero normalmente debe ser al menos por debajo de 50%. La proporción de deuda sobre ingreso se calcula al dividir sus expensas del hogar totales por su ingreso bruto total.

Por ejemplo:

Si su ingreso bruto total es de $5,000 y sus gastos totales del hogar son de $2,000, su proporción deuda sobre ingreso sería 0.40 o 40%. Si está por debajo de 50%, podría calificar para algunos programas de préstamos. Idealmente, querrá mantenerse por debajo del 41%

$2,000 / $5,000 = 40% proporción

Los activos líquidos totales son importantes cuando se trata de decidir si aprobar el préstamo o no. Sus activos son todas las cosas que tiene de valor, pero para el propósito de una hipoteca, los que tiene en la forma de efectivo en una cuenta bancaria, que puede ser utilizado para pagos futuros y un pago inicial.

Por ejemplo:

Si el banco requiere que usted tenga suficiente dinero para un pago inicial de 5% y una reserva de 4 meses de pagos, necesitaría tener estos fondos disponibles en su cuenta bancaria.

Precio de compra: $300,000

5% Pago inicial: $15,000

$300,000 x 0.05 = $15,000

Pago mensual total de hipoteca: $2,400

Reserva de 4 meses: $9,600

$2,400 x 4 = $9,600

5% pago inicial + 4 meses de reserva = $24,600

$15,000 + $9,600 = $24,600 fondos totales disponibles en una cuenta bancaria para ser aprobado por el banco para el préstamo, de los cuales sólo $15,000 se usarán para la compra, ya que las reservas solo deben figurar en su cuenta.

El pago inicial puede a veces provenir de un familiar en la forma de un regalo, lo que puede usualmente reducir lo que necesita tener en su cuenta bancaria para ser aprobado por el banco. Hay también programas de asistencia de pago inicial si usted no tiene suficientes fondos.

NOTA: Usted necesitará adicionalmente dinero para los costos de cierre, que a veces pueden ser financiados por el vendedor, y otras veces necesitarán ser pagados por usted.

Asegúrese de preguntar los costos totales de cierre luego de aplicar para un préstamo (debería aparecer en el estimativo del préstamo), para tener una idea general de lo que necesitará tener en su cuenta bancaria para el cierre, sumado al pago inicial y las reservas que el banco requerirá.

Un mínimo de dos años en la misma línea de trabajo es necesario para ser aprobado. A veces, en ciertas profesiones, hay excepciones a esta regla. Puede haber trabajado como enfermero en un hospital y luego en otro en dos años, y aun así ser aprobado para un préstamo ya que continuó trabajando como enfermero, a pesar de ser empleado por dos hospitales diferentes.

Un mínimo de dos años de historial de vivienda necesita ser provisto. Los bancos solo quieren confirmar dos años de historial de vivienda. No importa si vivió con su familia o si rentaba, mientras que pueda proveer todas las direcciones en las que vivió en los dos años anteriores.

¡Felicitaciones!

Una vez que tenga todas estas cosas aprobadas y su historial y puntaje crediticio sean suficientes, usted debería estar en camino hacia ser aprobado para una hipoteca.

Capítulo 11

Cómo Calificar Para Crédito Cuando No Posee Crédito

La mayoría de las personas que no tienen crédito, aún tienen alternativas para crear crédito rápidamente usando un número de métodos diferentes. Veamos algunas de tus opciones.

Obtener un préstamo asegurado

Los préstamos asegurados son simples de obtener mientras tenga dinero disponible para ponerlo como garantía. Las tarjetas de crédito seguras son una alternativa rápida que pueden ser abiertas con montos iniciales muy bajos. Usualmente puede empezar con un límite de crédito de $300 o $500, el cual se incrementará a través del tiempo, siempre y cuando haga pagos en tiempo, que es el propósito de aplicar para este tipo de tarjetas. Se le requerirá que deposite el mismo monto por el cual se le da crédito en una cuenta específica del banco, que servirá como colateral. Una vez que pague a tiempo por 3 a 6 meses, su reporte de crédito debería empezar a mostrar un historial de pagos, lo que le permitirá tener un puntaje, algo que es esencial para aplicar a otros préstamos. Una vez que tenga un puntaje de 640 o 660, usted podrá aplicar para otra tarjeta de crédito que no requiera ser asegurada con dinero. Si se le aprueba, puede cerrar la tarjeta asegurada y recibir su depósito de vuelta. Este es un proceso largo, pero funciona bien y crea crédito en unos pocos meses.

Los préstamos asegurados con certificado de depósito son también otra opción al intentar crear crédito. Básicamente, irá al banco que ofrezca el préstamo asegurado con certificado de depósito y les preguntará cuál es el monto mínimo para aplicar para un préstamo, y si algún costo será cargado en el proceso. Terminará depositando un monto específico. Intente mantenerlo tan bajo como pueda, ya que usted querrá tener dinero disponible para las expensas diarias y emergencias inesperadas. Recibirá un préstamo a cambio del dinero que usted ponga en un certificado de depósito, que deberá ser pagado mes a mes. Cuanto más corto el plazo, mejor, ya que no querrá atar su dinero por mucho tiempo. Una vez que lo pague por completo y expire el certificado de depósito, usted podrá cerrar el préstamo y el certificado de depósito para recuperar su dinero.

Firmante Autorizado

Pídale a un amigo o familiar para que lo agreguen como un firmador autorizado en su cuenta de tarjeta de crédito.

Esto le permitirá tener un historial crediticio en uno o dos meses, usted tendrá todo el historial que su amigo o familiar tenga en su cuenta. Asegúrese de que hayan pagado a tiempo y continúen haciéndolo, o empezará con un crédito malo, lo que no es el punto. Todo lo que se necesita es un llamado de esa persona para que lo agreguen como firmante autorizado. Ellos recibirán una tarjeta para usted y decidirán si dársela o no. De esta forma pueden limitar su acceso a su crédito, pero ayudar al mismo tiempo.

Firma Conjunta o Co-firmante

Pedirle a alguien que sea co-firmante en un préstamo o tarjeta de crédito es una gran forma de ganar crédito, siempre y cuando los pagos sean hechos a tiempo. Usted nunca querrá pedirle a nadie más que lo ayude a ser aceptado y luego hacer pagos tardíos que afecten negativamente a los dos. Mientras tengan buen crédito, ambos serán aprobados. Cuando empieza a crear crédito, tener un co-firmante será de mucha ayuda.

Si tiene que escoger entre ser un firmante autorizado o tener un co-firmante, escoja ser un firmante autorizado, ya que minimiza el riesgo de su amigo o familiar.

Aplique a un préstamo automotor

Los préstamos automotores son uno de los préstamos más simples de ser aprobados. A veces tendrá tasas de interés más altas, y podrían requerirle que ponga un pago inicial, pero valdrá la pena. Usted será capaz de crear crédito con cada pago que hace y será capaz de aplicar para otros créditos satisfactoriamente gracias al historial que estará creando. Los bancos saben que el préstamo está siendo asegurado por un auto, asique se sienten más seguros de otorgar crédito. Podría necesitar un co-firmante para ser aprobado, pero si quiere obtener un préstamo por su cuenta, deberá poner un pago inicial mayor y podría tener una tasa de interés más alta. Si no quiere tener una tasa alta por mucho tiempo, siempre puede tener otras opciones, como: refinanciar su préstamo automotor, cambiarlo por otro auto una vez que vea que su reporte muestra pagos consistentes hechos a tiempo, vender el auto, o pagarlo por completo una vez que tenga crédito suficiente.

Préstamo estudiantil

Aplique para un préstamo estudiantil si está planificando ir a la universidad. No necesita aplicar para un monto grande. Solo necesita ser aprobado para el préstamo y luego pagarlo a tiempo. Este puede ser un proceso más largo que otras opciones al intentar crear crédito, pero es otra opción. Si no está planificando ir a la escuela, no aplique para este préstamo para crear crédito.

Renta y Facturas de Utilidades

Sus pagos de renta y utilidades no aparecerán en su reporte crediticio por sí solos, pero usted puede pedir que se reflejen en su crédito. Pida a su dueño que refleje el historial de pagos positivos en su reporte, lo que inmediatamente creará historial y puntaje. Usted también puede proveer a las tres agencias de crédito sus facturas de utilidades para que verifiquen el historial de pago y crear un historial positivo sin incurrir en deudas. Las facturas de utilitarios pueden incluir: electricidad, gas, agua, e incluso pagos de telefonía celular en algunos casos.

Estas son todas opciones válidas al intentar crear historial de crédito. No todas aplicarán a su caso, pero algunas lo harán y pueden ser beneficiales. Recuerde, usted está haciendo una inversión en su crédito para poder obtener mejores condiciones de financiamiento en el futuro, lo que podría ahorrarle miles a lo largo del tiempo. Si está considerando comprar una casa, asegúrese de haber establecido un historial de crédito considerable para ser aprobado y obtener condiciones y tasas razonables.

Capítulo 12

Ejemplos de La Vida Real De Alguien Que Incrementó Su Puntaje de Crédito a Más de 800 Empezando desde 0

Para algunas personas puede ser un proceso lento y difícil al intentar incrementar su puntaje crediticio, pero con un planeamiento apropiado y soluciones creativas, usted puede lograrlo.

Esta es la historia de Jamie. Ella no tenía crédito ni puntaje. Ahora tiene un puntaje de 803. Aprendió a no forzar el crédito, sino a gestionar la deuda inteligentemente. No acumuló mucha deuda y nunca tuvo más de un tipo de cuenta de crédito (tarjetas de crédito). La mayoría de las personas creen que necesitan una tarjeta de crédito, tarjeta de tienda, préstamo automotor y una hipoteca para tener un puntaje alto, pero esta es una contradicción, como verá en la historia de Jamie. Esto podría funcionar para algunas personas, pero no para otras. Veamos la situación de Jamie para ver cómo fue capaz de hacerlo sucede.

La historia de Jamie

Jamie vino del exterior y no tenía crédito o deudas en su nombre. Su reporte estaba en blanco.

Su esposo la agregó como un firmante autorizado en una de sus tarjetas de crédito en vez de aplicar para una tarjeta asegurada. Esto tuvo un efecto positivo luego de un par de meses, ya que ahora su crédito mostraba un puntaje de 667 y la tarjeta reflejaba un historial de pagos positivos a tiempo. Decidió aplicar para una tarjeta de crédito, pero fue rechazada ya que, por error, aplicó a una tarjeta que requería un puntaje de 700. A pesar de que no es una buena cosa ser rechazado, fue una buena lección. Luego de que su marido hiciera pagos a tiempo por 6 meses en la tarjeta de crédito en la que ella era un firmante autorizado, Jamie aplicó para una tarjeta que requería tan solo 660 de puntaje, asique fue inmediatamente aprobada con un límite de crédito de $5,000. Cargó un monto pequeño de $44 en ella y luego hizo un pago total, para que no hubiese deuda. Luego de 6 meses, aplicó para otra tarjeta que requería un puntaje de 700 y que ofrecía un bonus de 50,000 millas al gastar $3,500 en tres meses. Esta era una buena opción porque muchos pagos debían ser hechos en el hogar, lo que le permitiría cubrir los $3,500 requeridos. Cargaron el seguro del auto, pagos de telefonía celular, y otras expensas cada mes, y una vez que llegaron a $3,500, dejaron de usar la tarjeta. El mes siguiente pagaron la tarjeta por completo, pero no cerraron la cuenta. Su puntaje saltó a 714. Repitió este proceso con otros puntos de hotel y bonus de devolución de dinero que la tarjeta de crédito ofrecía, lo que incrementó su puntaje a 756 en dos años. El año siguiente, solo usó esas tarjetas para compras pequeñas que eran inmediatamente pagadas por completo, así no acarreaba deuda mes a mes.

A pesar de que aplicar para diferentes tarjetas de crédito significo tener consultas que aparecieran en su reporte, todas fueron aprobadas excepto una. Esto es porque dejó de aplicar para tarjetas de crédito que sabía iban a rechazarla, lo cual fue muy inteligente. Tampoco acarreó gran cantidad de proporción de deuda sobre límite crediticio, lo que significa que mantuvo esa proporción cercana o en "0". No siguió aplicando para créditos cada mes.

Luego de hacer pagos consistentes y pagar por completo cualquier tarjeta que tuviera un balance por más de un año, su puntaje subió a 803. Tenía un historial de pagos positivo por un período de tiempo largo. Luego de 5 años, tenía un puntaje por encima de 800.

¿Cómo vieron a Jamie los bancos y prestamistas?

Ya que Jamie no acarreaba deuda, no parecía estar en problemas financieros y mostró hábitos de gasto responsables, que es una de las cosas principales que quieren ver los bancos. No continuó aplicando para tarjetas de crédito que no necesitaba, asique no pareció estar desesperadamente en necesidad de dinero. Jamie parecía ser una gran prestataria para muchos bancos.

¿En qué difiere Jamie de otros prestatarios?

Jamie solo tenía tarjetas de crédito y no acarreaba deuda por más de 2 o 3 meses. La mayoría de las veces pagaba el mes siguiente, asique no hacía pagos de interés. Jamie tampoco aplicó constantemente para créditos que sabía iban a ser rechazados. La mayoría de las personas acarrean deudas mes a mes y tienen demasiadas tarjetas de crédito. Deben un gran porcentaje de o que tienen disponible en su límite crediticio. La mayoría de las personas tienen otros tipos de crédito que a veces no necesitan.

Aprendiendo de la experiencia de Jamie

La situación de Jamie podría no aplicar para todos, pero es una historia verdadera de alguien que incrementó su puntaje por encima de 800 al gestionar solo deuda de tarjetas de crédito de forma paciente e inteligente. Usted puede hacer lo mismo si sigue un camino similar.

MITOS DEL PUNTAJE CREDITICIO

La mayoría de las personas creen que ciertas cosas necesitan suceder para tener un gran puntaje crediticio. La mayoría de estos mitos son errados y afectan su potencial de tener el mejor puntaje posible. Saber qué es cierto y qué es un mito podría ahorrarle años de crédito mal gestionado. Enfóquese en la realidad y no en mitos al revisar algunas de los errores más comunes mostrados abajo:

Si tiene 21 años o menos, usted no puede tener un puntaje crediticio mayor a 700

Error. Su puntaje crediticio no está basado en la edad y no toma esto en cuenta cuando calcula su puntaje.

Si se casa, su puntaje se reducirá

Error, su puntaje es independiente del de su pareja, a menos que tengan cuentas en conjunto, caso en el que el historial de pago y la cantidad de deuda acarreada puede afectarlo de forma positiva o negativa. Su estado marital es irrelevante.

SI pago todas mis tarjetas de crédito, tendré un puntaje de 800

Incorrecto. Pagar sus tarjetas de crédito debería incrementar su puntaje, pero hay más factores que tener en cuenta cuando se trata de determinar el puntaje, como: duración del historial crediticio, mezcla de crédito, consultas, capacidad de deuda, etc.

Si verifico mi crédito en línea, se reducirá

Hay veces en que verificar su crédito o hacerlo verificar no afectará el puntaje. Normalmente, sí lo afecta cuando aplica para créditos y se revisa su reporte, no cuando usted lo verifica usted mismo.

Si pierdo mi empleo, mi puntaje se reducirá

Esto no es correcto. Su estado de empleo no está vinculado a su crédito y no afectará su puntaje. Si se retrasa en los pagos como resultado de perder su empleo, esto resultará en una disminución del puntaje. Si puede continuar haciendo pagos a tiempo, su puntaje no se reducirá.

Si hago un millón de dólares por año, tendré un puntaje por encima de 750

No. Su puntaje no está afectado por cuánto gana. Su salario puede ser de $100 o $1,000,000, y su puntaje no cambiará. Administrar su crédito apropiadamente afectará su puntaje. Algunas personas que son muy ricas pueden tener puntajes muy bajos, mientras que aquellos que cobren el mínimo podrían tener un puntaje de 800.

Si compro una casa que vale $700,000 y debo $600,000, mi crédito se verá afectado negativamente por el monto que debo

Esto no es correcto. Aplicar para una hipoteca reducirá su puntaje porque está siendo revisado para ver su crédito, pero el monto que deba es irrelevante. Sus pagos mensuales pueden ser de $4,000 en su hipoteca y su crédito no se verá afectado. Una vez que empiece a pagar su préstamo de $600,000, su crédito mejorará como resultado de pagar a tiempo y reducir la deuda. Si pone 10% o 30% de pago inicial en una casa que usted compra, su crédito no se verá afectado, ya que está basado en el historial de pagos y sólo se verá afectado por su capacidad de pagar el préstamo.

Si me mudo a otro país, mi puntaje se reducirá

No importa dónde viva, el historial de crédito y su puntaje está basado en su capacidad de administrar la deuda apropiadamente, no dónde esté. Puede vivir en Nueva York, Miami, Seattle, Washington, Los Ángeles, México, Alemania, Australia, y su puntaje no se verá afectado.

Si cumplo 80 años, no podré seguir mejorando mi puntaje

Error, la edad no es un factor al tratarse de su crédito y puntaje crediticio. Si vive hasta los 120 años, puede continuar teniendo gran crédito y puntaje alto.

Si hago un pago tarde en mi tarjeta de crédito, mi puntaje bajará a 300.

Incorrecto, asumir un puntaje basado en un pago tardío no es la forma de evaluar su puntaje, ya que podría ser levemente menor o bajar por mucho. No hay forma precisa de saber cuál será su puntaje.

Si aplico para muchas tarjetas de crédito mi puntaje se reducirá

Correcto. Las consultas de crédito reducen su puntaje en un monto pequeño, pero cuando lo hace continuamente, su crédito se verificará usualmente y resultará en un puntaje menor.

VOCABULARIO CREDITICIO

Firmante Autorizado: alguien que es capaz de realizar comprar en una cuenta, pero no es responsable legalmente por el balance debido.

Bancarrota de capítulo 7: es un proceso legal que permite a un individuo deshacerse de toda responsabilidad en la deuda personal.

Bancarrota de capítulo 13: es un proceso legal que permite a una persona eliminar algunas deudas, reducir los pagos mensuales en ciertas deudas, y ponerse al día con pagos de hipoteca.

Bancarrota de capítulo 11: es un proceso legal que permite a una empresa a proponer la reorganización de los pagos de deuda a los acreedores.

Préstamo automotor: es la forma de financiar la compra de un auto cuando los pagos principales y de interés son, normalmente, pagados en un período de tiempo fijo.

Préstamo asegurado por certificado de depósito: es un préstamo hecho por un banco o institución prestamista que está asegurado por un certificado de depósito.

Co-firmante: es una persona que es responsable de pagar un préstamo junto con otra persona o personas.

Agencia de crédito: es una compañía que recolecta información relevante a su crédito y ha sido probada por otras instituciones financieras y no financieras.

Tarjeta de crédito: es una tarjeta plástica usada para hacer compras a crédito.

Historial crediticio: es la acumulación de información sobre el pago pasado de deudas, provisto por diferentes fuentes, incluyendo: instituciones prestamistas, bancos, agencias gubernamentales, agencias de recolección, etc.

Reporte Crediticio: es un reporte que explica en detalle el historial crediticio de un prestatario.

Puntaje crediticio: es un número asignado para designar el valor crediticio de una persona, basado en un análisis de su puntaje y administración de la deuda.

Recolección de Deuda: es una deuda que ha sido enviada a un recolector tercerizado de deuda. Normalmente, ellos usarán todos los medios legales para recolectar una deuda no pagada.

Crédito derogatorio: son todos los ítems que han mostrado un historial negativo de pago de deuda, incluyendo: pagos tardíos, recolecciones, bancarrotas, etc.

Experian: es una de las principales agencias reportadoras de crédito que provee diferentes productos crediticios. Se la conoce por reportar el historial crediticio de un prestatario y proveer este reporte a los prestamistas o acreedores.

Equifax: es una de las agencias reportadoras de crédito más grande en Estados Unidos, que reporta el historial crediticio de un prestatario. Provee este reporte a prestamistas o acreedores.

Puntaje FICO: es un tipo de puntaje crediticio que detalla el historial crediticio del prestatario, para que los prestamistas puedan evaluar el nivel de riesgo al determinar si otorgar un crédito o no.

Consulta Dura: es cuando un prestamista consulta su reporte crediticio antes de tomar la decisión de otorgar un crédito. Normalmente, se toman los tres puntajes crediticios.

Hipoteca: es un acuerdo legal entre un prestatario y un prestamista, en el que el prestamista otorga dinero a una tasa específica de interés, a cambio de ser dueño de la propiedad del deudor.

Pagos tardíos: es un pago que se hace luego de la fecha acordada de pago de una deuda. Normalmente, esta fecha de vencimiento se da con anticipación.

Tarjeta de crédito asegurada: es un préstamo que está asegurado por un depósito colateral de dinero, que se vuelve crédito para la cuenta de la tarjeta.

Consulta Suave: es cuando una persona o institución financiera revisa su reporte crediticio con el propósito de otorgar un préstamo.

Préstamo estudiantil: es un tipo de préstamo utilizado por estudiantes para pagar sus estudios. Este tipo de préstamo normalmente se usa cuando se inicia la educación post secundaria.

Trasnunion: es una de las tres agencias reportadoras de crédito más grandes de Estados Unidos, que reporta el historial crediticio de un prestatario. Provee este reporte al prestamista o acreedor.

www.ingramcontent.com/pod-product-compliance
Lightning Source LLC
Chambersburg PA
CBHW021112210326
41598CB00017B/1422